LA CUISINE ITALIENNE

Le meilleur de la cuisine italienne classique: des hors-d'œuvre appétissants aux desserts irrésistibles. En passant par les superbes pâtes, les potages et les soupes nourrissantes, les grands plats de viande rouge et blanche, les délicieux poissons et les savoureux légumes. Une galerie essentielle mais complète des recettes préférées des Italiens, des Alpes à la Sicile. Une

fresque idéale de cette table méditerranéenne dont chacun pourra s'inspirer – même les débutants – pour composer un menu de tous les jours ou des grandes occasions (en mariant les plats régionaux selon l'humeur du moment) et pour goûter au plaisir infini d'une gastronomie à la fois riche et simple, raffinée et familiale, traditionnelle et moderne. Une cuisine qui sait concilier la culture du beurre et celle de l'huile, marier les saveurs de la terre et les parfums de la mer, et mettre en valeur les ingrédients qu'elle réunit tantôt avec fantaisie, tantôt avec sagesse.

Dans la liste des ingrédients nous n'avons pas indiqué le sel et le poivre, dont l'emploi est sous-entendu, tout comme l'eau pour cuire les pâtes, les légumes ou la viande; mais, dans la recette, nous précisons le moment où il faut les ajouter. Nous vous conseillons de lire attentivement la liste des ingrédients – dans la fiche où figurent également les temps de préparation et de cuisson, le niveau de difficulté, le goût plus ou moins relevé et l'apport calorique des différents plats – ainsi que le texte de la recette, avant de vous lancer. Et, comme d'habitude, nous vous souhaitons Bon appétit!

L'AVIS DU DIÉTÉTICIEN

Si, effectivement, les Italiens mangeaient comme nous l'enseigne la "diète méditerranéenne", il n'existerait plus, ou presque, de maladies comme l'obésité, l'hypertension ou l'hypercholestérolémie.

Dans ce pays, comme ailleurs, l'alimentation est devenue rapide, trop raffinée et trop grasse; pourtant, la cuisine italienne reste une excellente formule au plan diététique.

Ses caractéristiques fondamentales sont le recours aux glucides complexes des amidon— (pâtes, pain ri sec—

l p (q ——— ent les pla. —e résistance); l'emploi de l'huile d'olive vierge extra, riche en acide monoléique, comme

matière grasse pour l'assaisonnement (au détriment des graisses d'origi—ale: beurre, lard); —port des fruits fournissent des s vitamines et simples, sour—e immédiate. —emble, et malgre les "excès" susmentionnés, il s'agit donc d'une excellente culture culinaire qui répond aux critères préconisés par la diététique moderne.

Arancini siciliani Croquettes de riz (Sicile)

1 Faites cuire le riz *al dente* à l'eau légèrement salée, égouttez-le puis disposez-le en fontaine. Incorporez-y le pecorino, le safran, dilué dans une louche d'eau chaude, et 2 œufs battus. Réchauffez la sauce bolognaise, ajoutez-y les petits pois ébouillantés et les champignons, trempés et essorés. Salez, unissez un brin de sauge et laissez mijoter. Façonnez une boule de riz dans votre main, creusez-la au milieu et remplissez-le de sauce.

2 Ajoutez quelques dés de fromage fondant. Rebouchez avec du riz et refaçonnez la boulette, sans faire sortir la farce. Répétez ces opérations jusqu'à épuisement des ingrédients.

3 Farinez les *arancini*, passez-le dans l'œuf battu et dans la chapelure. Plongez-les dans l'huile bouillante (ou du saindoux) et faites-les frire. Égouttez-les sur du papier absorbant et mettez-les au chaud dans votre four au fur et à mesure. Cet excellent hors d'œuvre sicilien peut se transformer en plat de résistance, il suffit d'augmenter les doses.

Pour préparer la sauce bolognaise, hachez ensemble un morceau de lard (80 g), un oignon, une carotte, une branche de céleri et un clou de girofle. Mettez ce hachis et 200 g de bœuf haché dans une sauteuse et faites-les rissoler au beurre (30 g) un quart d'heure sur feu doux. Humectez ensuite avec un verre de lait en le versant graduellement. Unissez une cuillerée à café de concentré de tomate. Salez et poivrez. Remuez, couvrez à hauteur d'eau tiède et laissez mijoter une quarantaine de minutes. Juste avant d'éteindre, ajoutez un demi-verre de crème fraîche et, si vous le désirez, une truffe noire en lamelles.

40'   2h 6-8 ✹✹ Kcal 929 P 31 G 50

Riz rond, 500 g	Huile de friture	Petits pois frais écossés, 100 g
3 œufs	Huile d'olive	Champignons secs, 20 g
Safran (un sachet)		Sauge
Pecorino râpé, 50 g	*Pour la farce:*	
Fromage fondant, 150 g	Sauce bolognaise,	
Farine, 20 g env.	un demi-litre env.	
Chapelure, 50 g env.	(déjà prête) (voir ci-contre)	

Cassoni fritti Pâtes fraîches farcies (Émilie-Romagne)

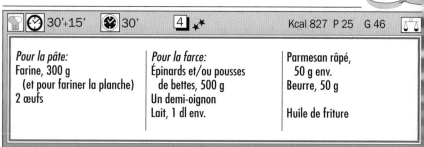

🍳 ⏱ 30'+15'	⚙ 30'	4 ★★		Kcal 827 P 25 G 46 ⚖

Pour la pâte:	*Pour la farce:*	Parmesan râpé,
Farine, 300 g	Épinards et/ou pousses	50 g env.
(et pour fariner la planche)	de bettes, 500 g	Beurre, 50 g
2 œufs	Un demi-oignon	
	Lait, 1 dl env.	Huile de friture

Travaillez ensemble la farine, les œufs, le lait et une pincée de sel jusqu'à ce que la pâte soit lisse et ferme. Laissez-la reposer un quart d'heure.

Lavez et nettoyez les légumes et, sans les éponger, faites-les sauter 5 minutes sans ajouter d'eau. Une fois fondus, égouttez-les, pressez-les et coupez-les grossièrement. Pelez l'oignon, hachez-le menu, faites-le revenir dans le beurre; après quoi, ajoutez les légumes, salez, poivrez et faites cuire 5 minutes en remuant.

Abaissez la pâte sur une épaisseur de 2-3 mm et découpez-y des disques d'environ 8 cm de diamètre (avec un emporte-pièce ou un verre). Déposez un peu de farce sur chaque disque et poudrez-la de parmesan. Pliez les disques en deux et soudez les bords avec une fourchette.

Plongez les *cassoni* dans l'huile bouillante et, une fois frits, égouttez-les. Servez sans attendre.

La farce des cassoni *peut varier, de même que leur grosseur. Notre recette nous semble la plus indiquée pour mettre en appétit avant de passer au plat de résistance.*

Crostini toscani Canapés au foie de volaille (Toscane)

Nettoyez les foies et filetez les anchois. Hachez finement l'oignon puis mettez-le à fondre dans une poêle avec 3 cuillerées d'huile. Ajoutez les foies, salez et poivrez. Humectez avec un demi-verre de vin et laissez cuire le temps qu'il s'évapore.

Au bout de 15 minutes de cuisson, sur feu doux, retirez les foies du feu et mixez-les avec les câpres égouttées et l'anchois émietté.

Remettez le tout dans la poêle et laissez cuire à petit feu pendant 10 minutes en mouillant de temps en temps avec du bouillon. Rectifiez l'assaisonnement. Coupez les tranches de pain en 4-5 morceaux et faites-les griller; après quoi humectez-les dans le reste de bouillon et étalez-y le "pâté" de foie.

| | | | 20' | | 30' | | 4 | |

Foies de poulet, 350 g
Un oignon
Câpres au vinaigre, 20 g
Un anchois
Vin blanc sec
4 tranches de pain de campagne
  (sans sel de préférence)
Bouillon de légumes, 3 dl env.
  (voir page 21)
Huile d'olive

Kcal 517 P 27 G 21

Ces canapés sont délicieux aussi bien chauds que froids.

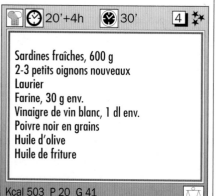

Sardine in saór Sardines aigres-douces (Vénétie)

Pelez les oignons, coupez-les en lamelles et faites-les fondre (sans colorer) dans 3 cuillerées d'huile d'olive

🍳⏰ 20'+4h	✳ 30'	4 ✷✶

Sardines fraîches, 600 g
2-3 petits oignons nouveaux
Laurier
Farine, 30 g env.
Vinaigre de vin blanc, 1 dl env.
Poivre noir en grains
Huile d'olive
Huile de friture

Kcal 503 P 20 G 41

avec le vinaigre, quelques grains de poivre et 2 feuilles de laurier. Faites cuire 10 minutes sur feu doux, éteignez et laissez reposer.
Videz et étêtez les sardines, lavez-les et ouvrez-les en deux pour éliminer l'arête centrale sans séparer les filets. Farinez-les, faites-les frire à l'huile bouillante puis égouttez-les sur du papier absorbant et salez-les légèrement. Ensuite, disposez-les en couches dans un plat creux en les nappant de leur sauce.
Laissez-les reposer au moins 4 heures avant de les servir à température ambiante. Ces sardines sont délicieuses même au bout de quelques jours, à condition de les conserver au frais.

Agnolotti piemontesi
Pâtes fraîches farcies (Piémont)

Travaillez la farine et les œufs. Une fois que la pâte est homogène, laissez-la reposer une heure. Pochez 5 minutes la saucisse et la cervelle, bien nettoyée, dans de l'eau chaude légèrement salée puis égouttez-les et émincez-les. Lavez la salade, ébouillantez-la et égouttez-la avant de la faire sauter dans le beurre.

Mixez les viandes, la saucisse et la cervelle puis incorporez-y la salade, les œufs et le fromage râpé. Salez, poivrez et muscadez cette farce.

Divisez la pâte en deux et abaissez-la finement. Sur une des deux abaisses, déposez des boulettes de farce de la grosseur d'une noix, à 3-4 cm les unes des autres. Posez la deuxième abaisse par-dessus et appuyez autour des boulettes de farce pour souder les bords. À l'aide d'une roulette, découpez les *agnolotti* (en carrés).

Plongez-les ensuite dans le bouillon bouillant légèrement salé, sortez-les avec une écumoire dès qu'ils remontent à la surface. Assaisonnez-les généreusement de sauce bolognaise et de fromage râpé avant de servir.

 30'+1h 30' Kcal 1027 P 55 G 33

Pour la pâte:	Rôti de porc, 100 g (déjà prêt)	Bouillon de viande
Farine, 400 g	Saucisse fraîche, 50 g	ou de légumes,
(et pour fariner la planche)	Cervelle de veau, 100 g	(voir page 21) déjà prêt,
3 œufs	Une scarole	pour cuire les pâtes
	2 œufs	Sauce bolognaise déjà prête,
Pour la farce:	Noix muscade	pour assaisonner les pâtes
Ragoût de bœuf, 150 g	Fromage râpé (grana padano),	(voir page 2)
(déjà prêt)	50 g; beurre, 20 g	Fromage râpé (grana padano)

  30'+1h   1h 30'   4 ⋆★   Kcal 1503   P 64   G 117

Pour la pâte:	Farine, 50 g	Une gousse d'ail
Farine, 350 g	Lait, 7 dl env.	Persil
(et pour fariner la planche)		Parmesan râpé,
3 œufs	Sauce bolognaise	150 g
	6 dl env. (déjà prête),	Lait, 1 dl env.
Pour la béchamel:	(voir page 2)	Beurre, 80 g
Beurre, 40 g	Champignons secs, 50 g	Huile d'olive

Lasagne alla bolognese
Lasagnes à la bolognaise (Émilie-Romagne)

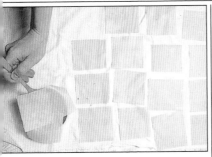

1 Travaillez ensemble la farine et les œufs et, une fois que la pâte est homogène, laissez-la reposer une heure. Abaissez-la finement et découpez-la en carrés d'environ 8 cm de côté que vous ferez cuire à l'eau salée additionnée d'une cuillerée d'huile. Sortez-les et déposez-les côte à côte, à plat sur un linge. Mettez les champignons à tremper dans l'eau tiède.

3 Tapissez le fond d'un plat à gratin beurré de lasagnes, nappez-les de béchamel, recouvrez de sauce bolognaise et saupoudrez de parmesan râpé.

2 Pour la béchamel: versez la farine petit à petit dans le beurre fondu avec une pincée de sel, remuez et ajoutez le lait goutte à goutte sans cesser de tourner; laissez cuire 20 minutes sur feu doux. Faites revenir l'ail dans 20 g de beurre puis retirez-le de la sauteuse. À la place, mettez les champignons égouttés et émincés ainsi qu'un brin de persil haché. Salez, ajoutez le lait et faites cuire 15 minutes.

4 Disposez une deuxième couche de lasagnes, nappez-les de béchamel et de champignons puis saupoudrez à nouveau de fromage râpé. Répétez les couches en alternant bolognaise et champignons jusqu'à épuisement des ingrédients. Parsemez le plat de noisettes de beurre et enfournez une petite heure (four préchauffé sur 160 °C).

Cannelloni Pâtes fraîches farcies (Émilie-Romagne)

🍴 🕐 40'+1h	❀ 30'	4 ✹✹		Kcal 868 P 31 G 63	⚖

Pour la pâte:
Farine, 350 g
   (et pour fariner la planche)
3 œufs

Pour la farce:
Ricotta, 300 g
2 œufs
3 saucisses
Parmesan râpé, 40 g
   (et pour assaisonner)

Pour la sauce et la cuisson:
Une carotte, une oignon,
   une branche de céleri
Tomates pelées, 400 g
Beurre, 20 g
Huile d'olive

Travaillez la farine et les œufs jusqu'à ce que la pâte soit homogène puis faites-la reposer une heure. Dans un saladier, écrasez la ricotta à la fourchette, salez, ajoutez le parmesan et les œufs battus. Piquez la saucisse avec les dents d'une fourchette et faites-la rissoler dans une goutte d'eau. Retirez-lui sa peau, émiettez-la et ajoutez-la à la ricotta.

Nettoyez les légumes, hachez-les et mettez-les à revenir dans 3 cuillerées d'huile. Unissez la tomate et une pincée de sel.

Laissez cuire 20 minutes sur feu doux en ajoutant de l'eau si besoin est. Abaissez finement la pâte et découpez-la en rectangles de 10 cm par 18 environ. Faites-les cuire *al dente* puis égouttez-les côte à côte, à plat sur un linge. Distribuez la farce sur les rectangles de pâte puis roulez-les sur eux-mêmes. Rangez les *cannelloni* dans un plat à gratin beurré et glissez-les au four préchauffé sur 200 °C. Au bout de 10 minutes, sortez-les, nappez-les de sauce tomate puis remettez-les au four 5 minutes.

Servez-les poudrés de parmesan râpé.

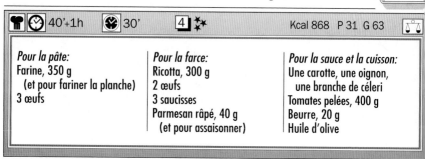

Cappelletti romagnoli
Pâtes fraîches farcies (Émilie-Romagne)

Travaillez la farine et les œufs et, une fois que la pâte est homogène, laissez-la reposer une heure. Battez le blanc de chapon pour l'aplatir puis dorez-le dans le beurre, salez et poivrez. Mixez-le puis incorporez-y les fromages, les œufs, une pincée de sel et de muscade.

Abaissez finement la pâte et découpez-y des disques de 6,5 cm de diamètre sur lesquels vous déposerez une boulette de farce.

Repliez les disques de pâte en deux et soudez les bords. Plongez les *cappelletti* dans le bouillon et faites-les cuire 4 minutes.

Servez-les avec du parmesan râpé présenté séparément.

Au lieu du blanc de chapon ou de poule, pour la farce des cappelletti, *vous pouvez utiliser de la viande de porc ou de veau; ou bien, si vous avez aboli la viande, farcissez-les de fromage uniquement (dans ce cas, augmentez les doses).*

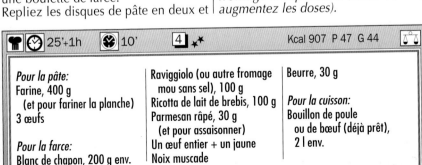

🍳⏱ 25'+1h	✳10'	4 ★★		Kcal 907 P 47 G 44	⚖

Pour la pâte:	Raviggiolo (ou autre fromage	Beurre, 30 g
Farine, 400 g	mou sans sel), 100 g	
(et pour fariner la planche)	Ricotta de lait de brebis, 100 g	*Pour la cuisson:*
3 œufs	Parmesan râpé, 30 g	Bouillon de poule
	(et pour assaisonner)	ou de bœuf (déjà prêt),
Pour la farce:	Un œuf entier + un jaune	2 l env.
Blanc de chapon, 200 g env.	Noix muscade	

Minestrone alla milanese Soupe de légumes (Milan, Lombardie)

Nettoyez les légumes comme il se doit. Coupez l'oignon en fines lamelles et les pommes de terre, la carotte et les courgettes en cubes. Émincez grossièrement le céleri et concassez les tomates. Hachez un beau bouquet de persil.

Mettez tous les légumes, sauf le chou et les petits pois, dans un faitout. Ajoutez la couenne, lavée et découpée en lanières, la poitrine que vous aurez hachée, l'ail écrasé et les haricots. Versez 2 litres d'eau froide, ajoutez une pincée de sel et portez à ébullition. Après quoi,

baissez le feu et laissez mijoter à couvert. Au bout de 2 heures, ajoutez le chou que vous aurez lavé et coupé en morceaux, et les petits pois. Poursuivez la cuisson 10 minutes puis unissez le riz et faites-le cuire (20 minutes).

Servez le minestrone avec du fromage râpé, présenté séparément.

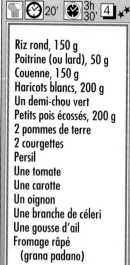

🍴 ⏱ 20' ⏳ 3h 30' 4 ★★

Riz rond, 150 g
Poitrine (ou lard), 50 g
Couenne, 150 g
Haricots blancs, 200 g
Un demi-chou vert
Petits pois écossés, 200 g
2 pommes de terre
2 courgettes
Persil
Une tomate
Une carotte
Un oignon
Une branche de céleri
Une gousse d'ail
Fromage râpé
(grana padano)

Kcal 834 P 32 G 40

Ribollita Soupe de légumes mitonnée (Toscane)

Mettez les haricots à tremper 6 heures à l'avance puis égouttez-les et jetez-les dans une grande eau froide légèrement salée. Faites-les cuire à petit bouillon une demi-heure, égouttez-les, passez-les au moulin à légumes (sauf 2 cuillerées) et remettez-les dans leur eau de cuisson.

Nettoyez les légumes et émincez-les. Conservez un oignon que vous hacherez menu, faites-le fondre dans 5 cuillerées d'huile et délayez-y une cuillerée à café de concentré de tomate, ajoutez les autres légumes, salez, poivrez et faites cuire 10 minutes à couvert. Unissez ensuite les haricots moulinés et leur jus, remettez le couvercle et laissez cuire une heure à petits bouillons. Ajoutez les haricots entiers et le pain, coupé en tranches (pas trop fines). Poursuivez la cuisson un quart d'heure à tout petit feu puis éteignez et laissez la soupe refroidir. Servez-la tiède.

Bien que délicieuse comme cela, cette soupe n'est pas la vraie ribollita. Il faudrait en fait la préparer la veille, puis la remettre à bouillir (d'où son nom) et la laisser tiédir avant de la savourer.

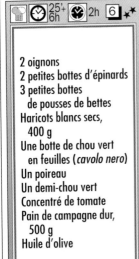

25+
6h   2h   6

2 oignons
2 petites bottes d'épinards
3 petites bottes
  de pousses de bettes
Haricots blancs secs,
  400 g
Une botte de chou vert
  en feuilles (*cavolo nero*)
Un poireau
Un demi-chou vert
Concentré de tomate
Pain de campagne dur,
  500 g
Huile d'olive

Kcal 504 P 20 G 17

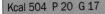

🍴⏱ 40'+1h   🕐 40'   6 ✦✦   Kcal 1034 P 58 G 52   ⚖

Pour la pâte:
Farine, 400 g
  (et pour fariner la planche)
4 œufs

Pour la farce:
Porc (pointe de filet), 100 g
Veau (quasi), 50 g

Mortadelle, 50 g
2 tranches de jambon
Blanc de dinde, 50 g
Cervelle de veau, 100 g
Parmesan, 40 g
2 jaunes d'œuf
Noix muscade
Beurre, 30 g

Parmesan râpé, 100 g
  (et pour assaisonner)

Pour la cuisson:
Bouillon de poule
  ou de bœuf (déjà prêt),
  2 l env.

Tortellini in brodo
Pâtes fraîches farcies (Émilie-Romagne)

1 Travaillez la farine et les œufs et, une fois que la pâte est homogène, laissez-la reposer une heure. Faites rissoler 7 minutes dans le beurre les viandes, les charcuteries et la cervelle bien nettoyée. Ensuite, mixez le tout à petite vitesse avec les jaunes d'œuf, le parmesan, sel, poivre et une pincée de muscade. Abaissez finement la pâte et, avec une roulette, découpez-y des rectangles d'environ 5 cm par 3.

3 Repliez les rectangles de pâte en diagonale et soudez les bords avec vos doigts. Au fur et à mesure qu'ils sont prêts, rangez-les côte à côte sur un linge.

2 Déposez au milieu de chaque rectangle de pâte une boulette de farce de la grosseur d'une noisette.

4 Façonnez les *tortellini* un à un (ils doivent être le plus petits possible) en les enroulant autour de votre petit doigt et soudez leurs extrémités. Plongez-les dans le bouillon bouillant et faites-les cuire une dizaine de minutes. Servez-les brûlants avec du parmesan râpé présenté séparément.

Malloreddus alla campidanese

Pâtes fraîches (Sardaigne)

🍴 🕐 30'+48h ⚙ 45' 4 ★★ Kcal 658 P 26 G 27 ⚖

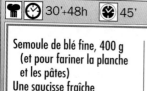

Semoule de blé fine, 400 g (et pour fariner la planche et les pâtes) Une saucisse fraîche	4 tomates bien mûres Un oignon Safran en poudre (un sachet)	Pecorino affiné (râpé) Basilic Huile d'olive

Travaillez la semoule avec ce qu'il faut d'eau tiède légèrement salée pour obtenir une pâte homogène. Roulez cette pâte en boule et prenez-en un morceau (un cinquième environ) auquel vous mélangerez le safran, délayé dans une goutte d'eau tiède. Incorporez-le à nouveau au reste de pâte et laissez-la reposer quelques minutes. Après quoi, divisez-la en petits morceaux que vous roulerez à la main de manière à obtenir des bâtonnets de la grosseur d'un doigt. Coupez ceux-ci en morceaux de 1 cm de long puis façonnez-les en les roulant sur une petite passoire renversée.

Une fois prêts, saupoudrez les *mallo-reddus* de semoule, recouvrez-les d'un linge et laissez-les sécher deux jours.

Lavez, épépinez et concassez les tomates. Pelez l'oignon, hachez-le et faites-le fondre sur feu doux dans 5 cuillerées d'huile. Ajoutez la saucisse, que vous aurez émiettée après avoir retiré sa peau, et faites-la rissoler. Salez, unissez les tomates et laissez cuire doucement 20 minutes en tournant. Plongez les *malloreddus* dans une grande eau bouillante, faites-les cuire une quinzaine de minutes puis égouttez-les. Mélangez-les avec la sauce tomate et le fromage râpé, garnissez-les de feuilles de basilic et servez.

Bucatini all'amatriciana
Pâtes sauce charcutière (Latium)

Lavez, épépinez et concassez les tomates. Épluchez et émincez l'oignon puis faites-le fondre dans 4
cuillerées d'huile. Ajoutez la poitrine
découpée en dés puis les tomates et
laissez cuire 15 minutes sur feu doux.
Salez et poivrez.
Entre-temps, mettez à bouillir une grande casserole d'eau pour les pâtes. Une
fois qu'elles sont cuites *al dente*, égouttez-les et mélangez-les à la sauce: soit
directement dans la sauteuse, soit dans
un grand saladier.
Saupoudrez-les généreusement de pecorino râpé et servez.

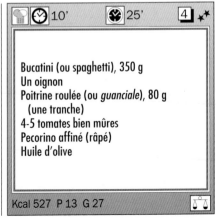

🍴⏱ 10'   ❀ 25'   4 ✦✦

Bucatini (ou spaghetti), 350 g
Un oignon
Poitrine roulée (ou *guanciale*), 80 g
   (une tranche)
4-5 tomates bien mûres
Pecorino affiné (râpé)
Huile d'olive

Kcal 527 P 13 G 27   ⚖

— 17 —

Pasta con le sarde
Pâtes aux sardines et au fenouil (Sicile)

Mettez les raisins à tremper dans l'eau tiède. Grillez les amandes au four puis mondez-les. Dorez la chapelure à la poêle dans une goutte d'huile. Pochez le fenouil sauvage dans une grande eau salée puis égouttez-le (conservez son eau). Nettoyez et étêtez les sardines, ouvrez-les en deux, sans séparer les filets, et enlevez l'arête centrale. Faites fondre l'oignon émincé dans 5 cuillerées d'huile et émiettez-y les anchois dessalés et filetés. Ajoutez les raisins essorés, les pignons et la moitié du safran. Salez, remuez et laissez cuire. Unissez le fenouil grossièrement haché et les sardines (sauf 4 pour décorer le plat).

Cuisez les pâtes, juste *al dente*, dans l'eau de cuisson du fenouil (rallongée avec ce qu'il faut d'eau) dans laquelle vous aurez délayé le reste de safran.

Égouttez les pâtes, mélangez-les à la sauce et saupoudrez-les de chapelure. Transférez le tout dans un plat à gratin, garnissez avec les sardines entières et les amandes hachées et arrosez d'un filet d'huile. Glissez 10 minutes au four à 200 °C.

🍳⏱ 10'   ✹ 15'   4 ✦

Spaghetti (ou perciatelli), 350 g
Sardines fraîches, 500 g
Un oignon nouveau
Fanes de fenouil sauvage
2 anchois
Amandes décortiquées, pignons
  et raisins secs, 90 g (en tout)
Chapelure, 40 g
Safran (un sachet)
Huile d'olive

Kcal 929 P 49 G 43

Trenette al pesto Pâtes au pistou (Gênes, Ligurie)

Mettez une grande casserole d'eau à bouillir pour cuire les pâtes. Rincez les feuilles de basilic sous l'eau froide courante, séchez-les entre deux linges puis mettez-les dans le bol du mixeur avec l'ail pelé. Mixez à petite vitesse, juste ce qu'il faut, puis transvasez la pâte dans un bol. Ajoutez le pecorino râpé (il ne doit être ni trop salé, ni trop affiné) et versez l'huile en filet en tournant sans arrêt avec une cuiller en bois, jusqu'à ce que le *pesto* soit bien souple.

Une fois que les pâtes sont cuites *al dente*, égouttez-les et transvasez-les dans un grand saladier au fond duquel vous aurez mis la moitié du *pesto*. Versez le reste de *pesto* par-dessus et mélangez pour bien amalgamer le tout.

Servez avec du pecorino râpé présenté séparément.

🍳 ⏱ 15'	❀ 12'	4 ⭐

Trenette, 350 g
Feuilles de basilic, 100 g env.
4 gousses d'ail
Pignons, 20 g
Pecorino affiné râpé, 70 g
   (et, éventuellement, pour assaisonner)
Huile d'olive, 1,5 dl env.

Kcal 770 P 24 G 48

10' 30' 4 ⋆⋆ Kcal 548 P 10 G 33

Riz rond, 200 g	Un oignon	Persil haché
Petits pois frais écossés, 200 g	Bouillon de légumes, 1,5 l env.	Parmesan râpé (facultatif)
Lard (ou poitrine), 80 g	(voir ci-contre)	Huile d'olive

Risi e bisi Soupe de petits pois au riz (Vénétie)

1 Découpez le lard en dés ou en fines lanières. Pelez l'oignon, émincez-le menu et faites-le fondre dans une cocotte dans 3-4 cuillerées d'huile avec le lard.

3 Faites cuire une dizaine de minutes sur feu vif puis ajoutez le bouillon tiède et portez doucement à ébullition.

2 Lavez les petits pois et jetez-les dans la cocotte sans les éponger. Salez et poivrez.

4 Unissez le riz et faites-le cuire *al dente* en remuant de temps à autre. Versez la soupe dans les assiettes, laissez-la tiédir un instant puis saupoudrez-la de persil haché et, si vous le désirez, de parmesan râpé.

Pour préparer le bouillon de légumes, faites bouillir une demi-heure à l'eau légèrement salée une carotte, un oignon, une branche de céleri et une petite tomate (ou bien, utilisez du bouillon en cube). Dans la recette traditionnelle, en saison, on fait bouillir une heure les cosses des petits frais.

Risotto alla milanese Risotto safrané (Milan, Lombardie)

Pelez l'oignon, hachez-le menu et faites-le fondre sur feu doux dans 30 g de beurre avec la moelle. Versez un demi-verre de vin et, quand il se sera évaporé, ajoutez le riz. Faites dorer le riz sur feu vif pendant 3 minutes en remuant.

Après quoi, baissez le feu, mouillez le riz avec deux louches de bouillon et laissez-le l'absorber, en tournant sans arrêt. Humectez-le à nouveau avec une louche de bouillon chaud et, sans cesser de remuer, laissez-le l'ab-sorber. Continuez ainsi, une louche à la fois et en tournant, jusqu'à ce que le riz soit cuit (comptez une vingtaine de minutes). Ajoutez le safran, délayé dans une goutte de bouillon, et remuez encore. Vérifiez l'assaisonnement.

Retirez la casserole du feu, ajoutez le beurre restant, une bonne poignée de fromage râpé et mélangez délicatement pendant une minute. Servez immédiatement.

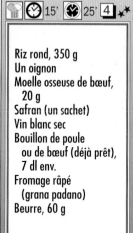

⏱ 15' ✹ 25' 4

Riz rond, 350 g
Un oignon
Moelle osseuse de bœuf,
    20 g
Safran (un sachet)
Vin blanc sec
Bouillon de poule
    ou de bœuf (déjà prêt),
    7 dl env.
Fromage râpé
    (grana padano)
Beurre, 60 g

Kcal 584 P 11 G 18

Abbacchio Ragoût d'agneau (Latium)

Découpez la viande en morceaux pas trop gros, lavez-la, épongez-la puis faites-la rissoler dans le saindoux (ou le beurre). Une fois que les morceaux seront bien dorés de toutes parts, ajoutez l'ail haché, un peu de romarin, sel et poivre.
Mélangez bien, versez la farine en pluie et quand elle aura blondi, humectez avec un demi-verre de vinaigre et autant d'eau. Remuez, baissez le feu sur minimum et faites cuire 15 minutes.

Ajoutez alors les anchois émiettés et faites-les fondre. Au bout de 3 minutes, éteignez, dressez la viande dans un plat de service et nappez-la de sa sauce. Servez avec des pommes de terre à l'eau.

🍴 🕐 20' ❄ 35' 8 ✵✵

Agneau de lait
   (gigots et selle), 1 kg
2 gousses d'ail
2 anchois
   (dessalés et filetés)
Romarin
Vinaigre
Farine, 10 g env.
Pommes de terre à l'eau
   (garniture)
Saindoux (ou beurre),
   30 g

Kcal 402 P 33 G 24

Arista al forno
Rôti de porc aux herbes (Toscane)

À l'aide d'un couteau bien aiguisé, incisez la viande autour de chaque côte de manière à les dégager une à une puis retournez la pièce et, de la même façon, détachez la viande des vertèbres.

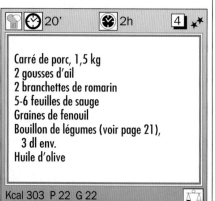

🍳⏱ 20' ⏱ 2h 4 ★★

Carré de porc, 1,5 kg
2 gousses d'ail
2 branchettes de romarin
5-6 feuilles de sauge
Graines de fenouil
Bouillon de légumes (voir page 21),
  3 dl env.
Huile d'olive

Kcal 303 P 22 G 22

Hachez ensemble l'ail, la sauge et les feuilles de romarin. Ajoutez du sel, du poivre et une pincée de graines de fenouil. Parsemez abondamment de ce hachis la face interne de la viande et des os puis ficelez le carré. Enduisez-le avec le reste de hachis, mettez-le dans un plat à four que vous aurez graissé à l'huile et glissez-le au four préchauffé (à 160 °C). Faites cuire la viande 2 heures en la mouillant de temps en temps avec du bouillon si besoin est.

Si vous voulez préparer la garniture en même temps que le rôti, mettez dans le plat des petits oignons et des pommes de terre en morceaux. Sinon, attendez une heure et demie et glissez dans le plat un poireau et 2 bulbes de fenouil émincés, ils cuiront dans le jus.

Coniglio alla cacciatora Lapin au marsala (Sicile)

L avez le lapin, découpez-le en morceaux et mettez-le à mariner deux heures dans une terrine avec le marsala. Faites fondre l'oignon émincé dans une cocotte avec 5 cuillerées d'huile, l'ail et un brin de persil hachés. Égouttez et farinez les morceaux de lapin puis mettez-les à rissoler dans la cocotte. Salez et poivrez. Unissez une cuillerée à café de concentré de tomate délayé dans une tasse d'eau chaude et mélangez.

Laissez mijoter 30 minutes puis ajoutez le céleri haché, les câpres dessalées et les olives. Poursuivez la cuisson à petit feu une demi-heure en mouillant de temps en temps le lapin avec le jus de sa marinade.

25'+2h   1h   4

Un lapin prêt à cuire, 1,2 kg env.
Un oignon
Une branche de céleri
Une gousse d'ail
Câpres salées, 20 g
Olives vertes, 100 g
Persil
Concentré de tomate
Farine, 20 g env.
Marsala sec, 3 dl env.
Huile d'olive

Kcal 527 P 42 G 23

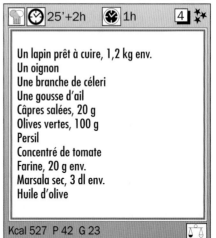

Costolette alla milanese Côtelettes panées (Milan, Lombardie)

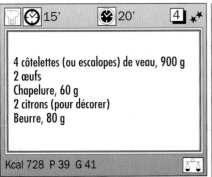

🍳⏱15'   ✹20'   4 ★★

4 côtelettes (ou escalopes) de veau, 900 g
2 œufs
Chapelure, 60 g
2 citrons (pour décorer)
Beurre, 80 g

Kcal 728 P 39 G 41

B attez les œufs dans une assiette creuse. Aplatissez les côtelettes en les battant et incisez-les autour de l'os de manière à le découvrir. Salez et poivrez légèrement les côtelettes puis plongez-les dans l'œuf battu et laissez-les tremper quelques instants. Passez-les ensuite dans une autre assiette remplie de chapelure de manière à bien les paner des deux côtés.

Faites fondre le beurre dans une poêle brûlante, mettez-y les côtelettes (deux par deux) et dorez-les de toutes parts sur feu moyen (pour ne pas brûler le beurre). Une fois cuites, égouttez-les, déposez-les dans un plat de service et versez un peu de leur beurre de cuisson par-dessus. Décorez avec des rondelles de citron et servez. La garniture idéale? Des frites.

Fegato alla veneziana Foie aux oignons (Venise, Vénétie)

Pelez les oignons, coupez-les en lamelles et faites-les fondre sur feu doux dans 4 cuillerées d'huile, dans une sauteuse. Ajoutez un demi-verre de vin, laissez-le s'évaporer et poursuivez la cuisson le plus bas possible. Au bout d'une vingtaine de minutes, unissez les tranches de foie, que vous aurez découpées en lanières. Salez et poivrez. Baissez le feu sur maximum et faites cuire le foie juste ce qu'il faut pour qu'il reste tendre (1 minute). Servez immédiatement avec une garniture au choix.

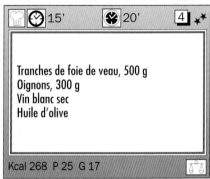

🍳 ⏱ 15'   ❀ 20'   4 ★★

Tranches de foie de veau, 500 g
Oignons, 300 g
Vin blanc sec
Huile d'olive

Kcal 268 P 25 G 17

Ossi buchi alla milanese Jarret de veau à la milanaise (Lombardie)

| 🍖 🕐 15' | ❀ 1h | 4 ✿✿ | | Kcal 537 P 35 G 26 | ⚖ |

4 rouelles de jarret de veau, 1 kg env.	Persil	Légumes pochés (garniture)
2 anchois	Bouillon de légumes (voir page 21), 3 dl env.	Beurre, 40 g
Une gousse d'ail	Vin blanc sec	Huile d'olive
Le zeste d'un demi-citron	Farine, 20 g	

Lavez et filetez les anchois. Farinez, salez et poivrez légèrement les rouelles des deux côtés. Faites-les rissoler de part et d'autre sur feu vif dans 4 cuillerées d'huile, dans une grande sauteuse dans laquelle vous aurez fait fondre le beurre. Mouillez avec un demi-verre de vin, laissez-le s'évaporer puis baissez le feu. Couvrez le récipient et faites cuire la viande à feu très doux en l'humectant de temps en temps avec une goutte de bouillon.

Comptez environ 45 minutes. Entretemps, hachez finement l'ail, un brin de persil, les filets d'anchois et le zeste de citron.
Vingt minutes avant la fin de la cuisson de la viande, retirez le couvercle, ajoutez le hachis et terminez la cuisson à tout petit feu.
Servez les *ossi buchi* bien chauds, nappés de leur sauce, avec une garniture de légumes pochés arrosés d'huile d'olive et de jus de citron.

Poenta e osei Polenta et grives (Vicence, Vénétie)

Les oiseaux devront être plumés, vidés, passés à la flamme, débarrassés de leur tête et de leurs pâtes, puis lavés et épongés. Glissez dans leur cavité ventrale une feuille de sauge, du sel et du poivre. Rangez-les dans un plat à four avec des noix de beurre après les avoir bardés de lard et de sauge. Glissez-les au four à 180 °C. Au bout de 20 minutes, salez-les, poivrez-les et arrosez-les de leur jus de cuisson. Remettez-les au four une vingtaine de minutes.

Entre-temps, mettez sur le feu environ 2 litres d'eau légèrement salée dans une lourde marmite à fond épais. Dès que l'eau commence à bouillir, versez-y la farine en pluie, petit à petit et en tournant sans arrêt avec une grosse cuiller en bois. Faites cuire la *polenta* environ trois quarts d'heure (elle sera cuite lorsqu'elle se détachera des bords du récipient). Versez-la alors sur une grande planche en bois et disposez au milieu les oiseaux, bien chauds et nappés de leur délicieux jus de cuisson.

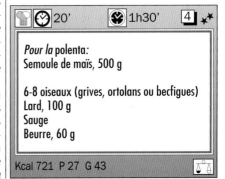

🍴⏱20' ❀1h30' 4 ★★

Pour la polenta:
Semoule de maïs, 500 g

6-8 oiseaux (grives, ortolans ou becfigues)
Lard, 100 g
Sauge
Beurre, 60 g

Kcal 721 P 27 G 43

Pollo al tegame Poulet à la cocotte (Sicile)

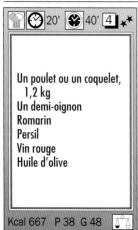

Un poulet ou un coquelet, 1,2 kg
Un demi-oignon
Romarin
Persil
Vin rouge
Huile d'olive

Kcal 667 P 38 G 48

Nettoyez votre poulet et découpez-le en morceaux. Faites revenir l'oignon émincé dans une cocotte avec 4-5 cuill. à soupe d'huile et faites rissoler le poulet de tous les côtés. Salez et poivrez. Parfumez avec le romarin. Mouillez avec un verre de vin que vous laisserez s'évaporer à feu doux. Au bout d'un quart d'heure, ajoutez du persil haché et mélangez. Contrôlez l'assaisonnement. Laissez mijoter encore un quart d'heure environ en ajoutant, si nécessaire, un peu d'eau chaude pour que la sauce ne soit pas trop épaisse. Servez chaud.

Saltimbocca alla romana Escalopes à la romaine (Latium)

Battez les escalopes pour bien les aplatir puis, sur chacune, déposez une tranche de jambon et une feuille de sauge. Mettez-les à cuire dans 4 cuillerées d'huile, sur feu vif, avec très peu de sel et du poivre (sans les retourner, bien sûr).

Une fois cuits, sortez les *saltimbocca* de la poêle et déglacez leur fond de cuisson avec un demi-verre de vin blanc et un peu de farine, de manière à obtenir un sauce onctueuse. Servez ces "saute en bouche" avec des légumes pochés que vous aurez sautés au beurre.

15' 25' 4 ★★

8 fines escalopes de veau (dans la noix), 400 g
Jambon cru (8 tranches), 100 g env.
Sauge
Farine, 20 g env.
Vin blanc sec
Légumes pochés (garniture)
Huile d'olive

Kcal 423 P 32 G 17

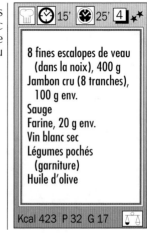

Stracotto alla bolognese Bœuf braisé (Bologne, Émilie-Romagne)

1 Piquez la viande avec la moitié du lard que vous aurez découpé en dés (le reste servira plus tard) et l'ail haché menu. Salez-la, très légèrement.

3 Versez le vin, baissez le feu et laissez-le s'évaporer. Au bout d'un quart d'heure, ajoutez le reste de lard que vous aurez haché avec les légumes, bien nettoyés, et un brin de persil.

2 Pelez l'oignon, hachez-le menu et faites-le fondre dans le beurre. Ajoutez la viande (que vous aurez ficelée, si nécessaire) et faites-la rissoler 4-5 minutes, de toutes parts, sur feu vif.

4 Laissez revenir une dizaine de minutes, ajoutez les tomates concassées. Salez et poivrez. Recouvrez la viande de bouillon chaud allongé d'eau, mettez le couvercle et laissez le *stracotto* mijoter 3 heures. Servez-le en tranches nappées de sauce (un peu plus épaisse, elle est excellente pour assaisonner les pâtes).

30' 3h 30' **✦✦** Kcal 488 P 27 G 26

Viande de bœuf, 900 g	Un oignon	Vin rouge, 3 dl
Lard, 160 g	Une branche de céleri	Bouillon de poule ou de bœuf,
4 tomates bien mûres	Une gousse d'ail	7 dl env, (déjà prêt)
Une carotte	Persil	Beurre, 40 g

Trippa alla parmigiana
Tripes à la mode de Parme (Émilie-Romagne)

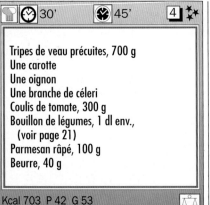

🍳⏱ 30' ❀ 45' 4 ✲✲

Tripes de veau précuites, 700 g
Une carotte
Un oignon
Une branche de céleri
Coulis de tomate, 300 g
Bouillon de légumes, 1 dl env.,
  (voir page 21)
Parmesan râpé, 100 g
Beurre, 40 g

Kcal 703 P 42 G 53

Lavez les tripes, épongez-les et découpez-les en lanières. Nettoyez les légumes, hachez-les et mettez-les à revenir dans le beurre. Unissez les tripes et faites-les cuire 20 minutes sur feu doux en remuant. Ajoutez le coulis de tomate, salez et poivrez.

Poursuivez la cuisson 20 minutes en mouillant avec du bouillon chaud si besoin est.

Hors du feu, saupoudrez les tripes de parmesan râpé, mélangez vivement et servez aussitôt.

Baccalà alla livornese Morue à la mode de Livourne (Toscane)

Nettoyez et concassez les tomates. Émincez les poireaux et hachez

 15'   30'   4

Morue dessalée, 800 g
2 poireaux (ou un oignon)
4 tomates bien mûres
4 gousses d'ail
Persil haché
Farine, 30 g env.
Piment (facultatif)
Huile d'olive
Huile de friture

Kcal 469 P 46 G 22

l'ail puis faites-les revenir dans 4 cuillerées d'huile dans une sauteuse. Ajoutez les tomates, laissez cuire un quart d'heure sur feu doux.

Entre-temps, coupez la morue (dont vous aurez enlevé la peau et les arêtes) en huit morceaux que vous farinerez. Plongez-les dans l'huile bouillante, faites-les frire sur feu moyen et sortez-les quand ils sont dorés de toutes parts. Déposez-les sur du papier absorbant puis mettez-les dans la sauteuse et laissez-les cuire une dizaine de minutes, en ajoutant un peu de poivre et de piment.

Servez la morue bien chaude après l'avoir persillée.

Baccalà alla vicentina
Morue à la mode de Vicence (Vénétie)

Nettoyez la morue, ôtez-lui la peau et les arêtes subsistantes, puis découpez-la en morceaux que vous farinerez. Rangez-les dans un plat allant au four, salez et poivrez. Ajoutez une pincée de cannelle et saupoudrez de parmesan râpé.
Pelez l'oignon et l'ail, ha-chez-les et mettez-les à revenir dans 6 cuillerées d'huile. Unissez les anchois dessalés et filetés et faites-les fondre. Ajoutez un brin de persil haché puis humectez avec un verre de vin que vous laisserez s'évaporer.
Enfin, ajoutez le lait et le beurre. Mélangez la sauce et versez-la sur le poisson. Mettez un cou vercle sur le plat et glis sez-le au four à 140 °C. Laissez cuire le plu longtemps possible (a moins deux heures), l temps que la morue ab sorbe toute la sauce.
Servez ce plat délicieu avec des tranches de *po lenta* bien ferme.

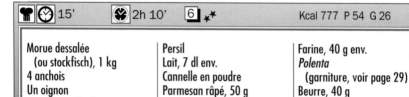

🍴⏱ 15'	✳ 2h 10'	6 ⭐		Kcal 777 P 54 G 26	⚖

Morue dessalée
  (ou stockfisch), 1 kg
4 anchois
Un oignon
Une gousse d'ail

Persil
Lait, 7 dl env.
Cannelle en poudre
Parmesan râpé, 50 g
Vin blanc sec

Farine, 40 g env.
Polenta
  (garniture, voir page 29)
Beurre, 40 g
Huile d'olive

Burrida sarda
Cassolette de poisson (Sardaigne)

Videz, étêtez et dépecez les poissons, coupez leurs nageoires. Découpez-les ensuite en tranches et mettez-les dans une marmite d'eau froide légèrement salée et vinaigrée (1 dl) avec un brin de persil. Allumez le feu, portez à ébullition et faites cuire 10 minutes. Sortez les tranches de poisson du court-bouillon, filtrez celui-ci et réservez-le au chaud.

Faites revenir l'ail pelé dans 7 cuillerées d'huile puis retirez-le dès qu'il blondit. Mettez alors dans la sauteuse la chapelure, les pignons et les cerneaux de noix concassés, une cuillerée de vinaigre, sel et poivre. Mélangez et laissez cuire 2 minutes avant d'unir les tranches de poisson que vous ferez cuire 2 minutes sur deux doux.

Versez deux louches de court-bouillon, portez à ébullition puis baissez le feu et laissez frémir 6 minutes.

Retirez la sauteuse du feu et, une fois que le poisson a tiédi, dressez-le dans un plat de service avec les pignons et les noix.

Décorez avec des rondelles de citron et des pluches de persil.

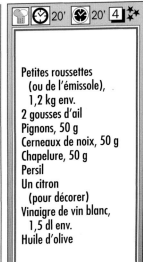

20' — 20' — 4 ★★

Petites roussettes
(ou de l'émissole),
1,2 kg env.
2 gousses d'ail
Pignons, 50 g
Cerneaux de noix, 50 g
Chapelure, 50 g
Persil
Un citron
(pour décorer)
Vinaigre de vin blanc,
1,5 dl env.
Huile d'olive

Kcal 499 P 47 G 20

Cacciucco
Soupe de poisson (Livourne/Viareggio, Toscane)

Nettoyez et lavez poissons, mollusques et crustacés comme d'ordinaire.

Faites revenir l'ail écrasé dans 4 cuillerées d'huile avec une pointe de piment. Versez un verre de vin, laissez-le s'évaporer sur feu vif puis unissez la tomate et baissez le feu. Laissez frémir 10 minutes, après quoi ajoutez poissons, mollusques et crustacés selon leur temps de cuisson, en commençant par les plus coriaces (émissole, seiches, calamars). Remuez délicatement avec une cuiller en bois et ajoutez de l'eau chaude si besoin est. Pour terminer, mettez les poissons délicats (comme le rouget) et faites cuire encore 5 minutes, salez définitivement. Entre-temps, faites griller le pain puis frottez-le généreusement à l'ail. Placez-en deux tranches au fond de chaque assiette, versez la soupe par-dessus et servez-la aussitôt, éventuellement, après l'avoir persillée.

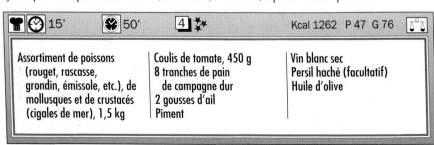

| ▮⊘ 15' | ✹ 50' | 4 ✦✦ | | Kcal 1262 P 47 G 76 | ⚖ |

Assortiment de poissons (rouget, rascasse, grondin, émissole, etc.), de mollusques et de crustacés (cigales de mer), 1,5 kg	Coulis de tomate, 450 g 8 tranches de pain de campagne dur 2 gousses d'ail Piment	Vin blanc sec Persil haché (facultatif) Huile d'olive

Pesce spada alla messinese Espadon à la mode de Messine (Sicile)

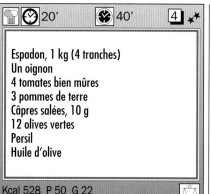

🍳 ⏱ 20' ❀ 40' [4] ⋆⋆

Espadon, 1 kg (4 tranches)
Un oignon
4 tomates bien mûres
3 pommes de terre
Câpres salées, 10 g
12 olives vertes
Persil
Huile d'olive

Kcal 528 P 50 G 22 ⚖

Versez 4-5 cuillerées d'huile dans une sauteuse et faites-y revenir l'oignon émincé, les olives dénoyautées, les tomates concassées et les câpres dessalées. Salez et poivrez. Mettez le couvercle et faites cuire un quart d'heure sur feu doux.

Cuisez les pommes de terre à l'eau, épluchez-les et coupez-les en rondelles. Mettez les tranches d'espadon dans un grand plat à four avec leur sauce, ajoutez les pommes de terre et un brin de persil. Glissez 10-15 minutes à four doux (160 °C) et rectifiez l'assaisonnement.

Servez immédiatement l'espadon chaud avec sa sauce.

Polpo alla Luciana
Poulpes à l'étouffée (Naples, Campanie)

Cette délicieuse recette, originaire de Naples, peut se préparer à la cocotte minute ou bien dans une cocotte d'acier dotée d'un couvercle lourd (s'il n'est pas hermétique, interposez du papier sulfurisé entre le récipient et le couvercle).

Nettoyez les poulpes, lavez-les et, sans les éponger, jetez-les dans la cocotte avec l'ail, un brin de persil, du sel, le piment et 8 cuillerées d'huile. N'ajoutez pas d'eau, les poulpes doivent cuire dans leur jus (à la rigueur, mouillez avec un demi-verre de vin blanc).

Mettez le couvercle, fermez-le hermétiquement et mettez le récipient sur feu doux. Attendez que la vapeur s'échappe et réglez le feu sur minimum. Faites cuire 20 minutes à la pression (si vous optez pour la cuisson traditionnelle, comptez une bonne heure). Éteignez, laissez la vapeur s'échapper et faites refroidir.

Servez ces délicieux petits poulpes, tièdes ou froids, avec leur sauce sur des tranches de pain grillé et aillé.

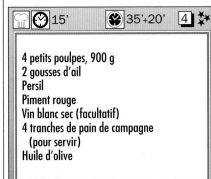

🕐 15'	❋ 35'+20'	4

4 petits poulpes, 900 g
2 gousses d'ail
Persil
Piment rouge
Vin blanc sec (facultatif)
4 tranches de pain de campagne
  (pour servir)
Huile d'olive

Kcal 240 P 19 G 17

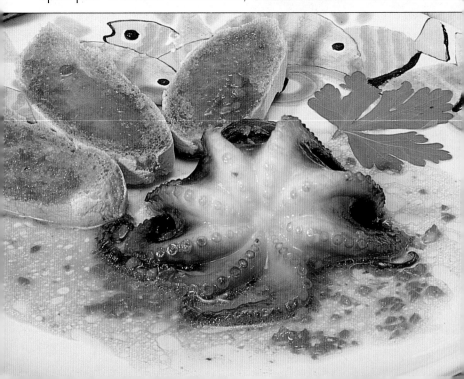

Scampi alla sarda Langoustines grillées (Sardaigne)

Lavez les langoustines, épongez-les, ouvrez-les en deux dans la longueur et nettoyez-les, sans couper complètement la carapace et sans détacher les pinces. Rangez-les dans un plat à four légèrement huilé.

Lavez, épépinez et concassez les tomates. Pelez l'ail et hachez-le menu. Distribuez la tomate et l'ail sur les langoustines et parsemez-les généreusement d'anis et de fenouil. Arrosez-les d'huile (4 cuillerées en tout) et salez-les. Glissez le plat 15 minutes au four à 180 °C.

Entre-temps, lavez un brin de persil et hachez-le. Dès que les langoustines sont cuites, persillez-les et servez-les avec un décor à votre goût.

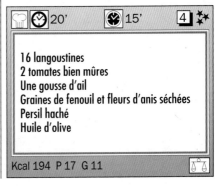

🍲 🕐 20'   ✳ 15'   4 ✨

16 langoustines
2 tomates bien mûres
Une gousse d'ail
Graines de fenouil et fleurs d'anis séchées
Persil haché
Huile d'olive

Kcal 194 P 17 G 11

Sarde a beccafico Sardines farcies (Sicile)

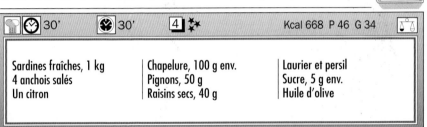

🗑️⏰ 30'	✳️ 30'	4 ✸✷		Kcal 668 P 46 G 34	⚖️

Sardines fraîches, 1 kg	Chapelure, 100 g env.	Laurier et persil
4 anchois salés	Pignons, 50 g	Sucre, 5 g env.
Un citron	Raisins secs, 40 g	Huile d'olive

1 Mettez les raisins à tremper dans l'eau tiède. Lavez les sardines sous l'eau courante, étêtez-les, videz-les et ouvrez-les en deux pour retirer l'arête centrale, sans séparer les filets. Empilez-les les unes sur les autres à plat.

2 Dorez 80 g de chapelure dans 3 cuillerées d'huile puis, dans un saladier, mélangez-la avec les anchois, des-salés, filetés et émiettés, un brin de persil haché, les raisins essorés et les pignons. Salez, poivrez et amalgamez bien cette farce.

3 Farcissez les sardines une à une et refermez-les. Rangez-les dans un plat à four huilé en intercalant entre elles des feuilles de laurier. Saupoudrez-les de chapelure, arrosez-les d'un filet d'huile et de jus de citron additionné de sucre. Glissez-les une demi-heure au four à 180 °C et servez aussitôt.

Seppie in inzimino Seiches aux bettes (Toscane)

| 🍳⏱ 15' | ❄ 1h | 4 ✸✸ | Kcal 360 P 36 G 19 | ⚖ |

| Seiches, 1 kg
2 bottes de pousses
de bettes | 2 gousses d'ail
Coulis de tomate,
350 g | Piment
Vin blanc sec
Huile d'olive |

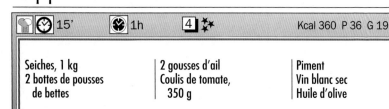

1 Nettoyez et lavez les seiches. Coupez les "sacs" (le corps) en rondelles et les tentacules en deux.

2 Nettoyez les pousses de bettes (éliminez les côtes), lavez-les puis pochez-les brièvement à l'eau légèrement salée. Égouttez-les, pressez-les et hachez-les grossièrement.

3 Mettez les seiches à rissoler sur feu doux dans 4 cuillerées d'huile avec l'ail. Humectez avec un verre de vin, laissez-le s'évaporer sur feu vif, salez et poivrez.

4 Ajoutez les légumes et faites-les cuire une dizaine de minutes. Après quoi, unissez le coulis de tomate et le piment. Laissez mijoter une bonne demi-heure en ajoutant de l'eau chaude si besoin est.

Triglie alla livornese
Rougets à la tomate (Livourne, Toscane)

Nettoyez et lavez les poissons. Farinez-les des deux côtés et mettez-les à frire dans 6 cuillerées d'huile. Sortez-les de la sauteuse et déposez-les sur du papier absorbant. À leur place, mettez à revenir l'oignon haché et l'ail. Retirez-les à leur tour et mettez à leur place les tomates que vous aurez concassées. Salez et poivrez.

Au bout d'une dizaine de minutes, remettez les rougets dans la sauteuse et poursuivez la cuisson, sur feu très doux, jusqu'à ce que la sauce ait épaissi, en retournant les poissons délicatement (ils sont très fragiles) et en rectifiant l'assaisonnement. Servez les rougets bien chauds avec leur sauce après les avoir persillés.

🍳⏱ 10'   ✹ 20'   4 ✸✸

Rougets (moyens), 900 g
Un demi-oignon
2 gousses d'ail
5 tomates bien mûres
Farine, 30 g
Persil haché
Huile d'olive

Kcal 464 P 34 G 27

Carciofi in tecia Artichauts debout (Vénétie)

Parez les artichauts (éliminez les feuilles dures, coupez leurs pointes et écourtez leur queue). Lavez-les puis plongez-les dans de l'eau froide citronnée pour qu'ils ne noircissent pas. Mettez-les ensuite à égoutter, tête en bas, pour qu'ils rejettent toute l'eau. Rangez-les, toujours à l'envers, dans une sauteuse (ou un plat à gratin) avec un verre d'eau, 5 cuillerées d'huile et une pincée de sel.

Faites-les cuire sur feu vif pendant une vingtaine de minutes (ou bien au four, une demi-heure à 200 °C) et, à mi-cuisson, saupoudrez-les de sucre. Une fois cuits, laissez-les refroidir.

Cette garniture aussi simple que raffinée se mange tiède.

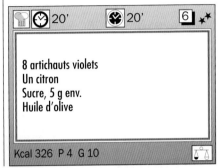

20' 20' 6 ★

8 artichauts violets
Un citron
Sucre, 5 g env.
Huile d'olive

Kcal 326 P 4 G 10

Melanzane alla parmigiana Aubergines à la mode de Parme (Émilie-Romagne)

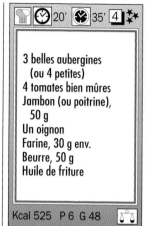

Lavez les aubergines, épongez-les et ôtez leur pédoncule. Coupez-les dans la longueur en tranches de 4-5 mm d'épaisseur que vous farinerez légèrement et uniformément. Plongez-les dans l'huile bouillante, faites-les frire puis déposez-les sur du papier absorbant.

Pelez l'oignon, découpez-le en lamelles et faites-le revenir dans le beurre (utilisez une cocotte en terre à feu de préférence). Ajoutez le jambon haché et, au bout de 3 minutes, les tomates, épépinées et concassées. Salez modérément et poivrez.

Enfin, mettez les aubergines et laissez-les cuire une quinzaine de minutes. Servez immédiatement.

20' 35' 4

3 belles aubergines
(ou 4 petites)
4 tomates bien mûres
Jambon (ou poitrine),
50 g
Un oignon
Farine, 30 g env.
Beurre, 50 g
Huile de friture

Kcal 525 P 6 G 48

Piselli all'olio Petits pois à la florentine (Toscane)

Lavez les petits pois et, sans les égoutter, jetez-les dans une sauteuse contenant 5 cuillerées d'huile, ainsi que l'ail "en chemise" (c'est-à-dire sans l'éplucher) et le persil. Mettez le couvercle, faites cuire un quart d'heure puis ajoutez la poitrine que vous aurez coupée en dés, de préférence avec son gras. Laissez frémir encore quelques instants en ajoutant une cuillerée à café de sucre, du sel et une pincée de poivre.
Servez ces petits pois bien chauds en garniture d'une viande (agneau, veau ou bœuf).

🍽️ ⏰ 20' ❄️ 20' [4] ⭐⭐

Petits pois écossés, 500 g
Poitrine roulée, 100 g
Un citron
3 gousses d'ail
Persil
Sucre, 5 g env.
Huile d'olive

Kcal 536 P 20 G 32 ⚖️

Radicchio fritto e grigliato Fantaisie de trévise (Vénétie)

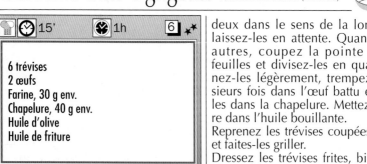

🍴 ⏱ 15'　　❀ 1h　　6 ⭐★

6 trévises
2 œufs
Farine, 30 g env.
Chapelure, 40 g env.
Huile d'olive
Huile de friture

Kcal 500　P 10　G 40 ⚖

Nettoyez et lavez les trévises. Prenez-en trois, ôtez leurs feuilles extérieures (qui serviront en salade ou pour garnir le plat) puis coupez-les en deux dans le sens de la longueur et laissez-les en attente. Quant au cinq autres, coupez la pointe de leurs feuilles et divisez-les en quatre. Farinez-les légèrement, trempez-les plusieurs fois dans l'œuf battu et passez-les dans la chapelure. Mettez-les à frire dans l'huile bouillante.

Reprenez les trévises coupées en deux et faites-les griller.

Dressez les trévises frites, bien égouttées et légèrement salées, dans un plat de service en les alternant avec les trévises grillées que vous aurez salées et arrosées d'un filet d'huile.

Amaretti di Saronno Macarons de Saronno (Lombardie)

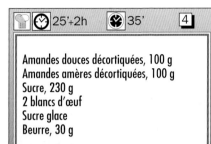

25'+2h | **35'** | **4**

Amandes douces décortiquées, 100 g
Amandes amères décortiquées, 100 g
Sucre, 230 g
2 blancs d'œuf
Sucre glace
Beurre, 30 g

Kcal 358 / P 7 / G 20

Mettez toutes les amandes sur une plaque et dorez-les au four, sous le gril (comptez 6 minutes). Ensuite, mondez-les et mixez-les finement avec 130 g de sucre. Montez les blancs en neige ferme puis amalgamez-y délicatement le reste de sucre et la poudre d'amandes.

Introduisez la pâte dans une poche munie d'une douille lisse et, sur une plaque beurrée, couchez des petites masses à quelques centimètres les unes des autres.

Après quoi, aplatissez-les légèrement du bout des doigts et saupoudrez-les de sucre glace. Couvrez-les d'un linge et laissez-les reposer deux heures avant de les cuire au four préchauffé à 160 °C (comptez une petite demi-heure).

Baìcoli di Venezia Biscuits secs de Venise (Vénétie)

| 🍴⏲ 30'+3h30' ⏱ 40' | 4 | | Kcal 281 P 4 G 5 | ⚖ |

| 180 g de farine | Eau de fleur d'oranger | Sel |
| 10 g de levure de bière | 20 g de sucre | 20 g de beurre |

1 Mélangez 30 g de farine à la levure de bière diluée dans 3 cuillerées d'eau tiède et pétrissez jusqu'à obtention d'une boule de pâte plutôt compacte sur laquelle vous tracerez une croix; laissez-la reposer une demi-heure enveloppée dans un torchon.

3 Avec les deux moitiés, formez des boudins de 25 cm de long, légèrement aplatis. Couvrez-les d'un torchon et laissez-les lever pendant une heure, après quoi vous les mettrez à four préchauffé à 200 °C. Sortez-les au bout d'une vingtaine de minutes.

2 Pétrissez ensuite cette pâte avec le restant de farine, le beurre, le sucre, une pincée de sel, pas tout à fait un demi-verre d'eau et une cuillerée à café d'eau de fleur d'oranger. Partagez-la en deux.

4 Laissez-les reposer deux heures, puis coupez-les en tranches de 2 mm d'épaisseur, légèrement en biais de manière à ce que chaque tranche ait de 7 à 8 cm de longueur. Alignez ces *baìcoli* sur une plaque et faites-les sécher environ un quart d'heure au four (toujours à 200 °C jusqu'à ce qu'ils aient une belle couleur dorée.

Cantucci di Prato Biscuits secs de Prato (Toscane)

 20'+15'   1h 8 Kcal 1448 P 46 G 54

| Farine, 400 g | Amandes mondées, 200 g | Lait (si nécessaire) |
| Sucre, 300 g | 3 œufs entiers + 2 jaunes | Levure de bière, 10 g |

1 Mettez la farine dans un saladier, cassez-y 2 œufs et mélangez en incorporant les jaunes, le sucre et la levure que vous aurez délayée dans une goutte d'eau tiède.

3 Allumez le four et réglez-le sur 140 °C. Reprenez la pâte, divisez-la en deux et façonnez-la en pâtons aplatis d'environ 30 cm de long par 10 cm de large.

2 Travaillez longuement la pâte en ajoutant quelques gouttes de lait, si besoin est. Vous devez obtenir une pâte homogène et dense. Amalgamez-y les amandes entières puis laissez-la reposer un peu.

4 Badigeonnez les gâteaux avec le troisième œuf battu et glissez-les sur une plaque garnie de papier sulfurisé. Enfournez une petite heure, le temps qu'ils dorent bien. Retirez les gâteaux du four et coupez-les en tranches de 1 cm d'épaisseur, en biais, avec un couteau à lame large.

Cassata Gâteau glacé à la ricotta (Sicile)

1 Amalgamez la ricotta, le sucre glace, une goutte de vanille et un petit verre de rhum. Ajoutez le chocolat concassé et 2 cuillerées de fruits confits coupés en dés et mélangez.

3 Versez la crème à la ricotta à l'intérieur et lissez-la bien. Glissez le gâteau au réfrigérateur (compartiment très froid) et laissez-la prendre deux heures.

2 Tapissez un moule à cake de papier sulfurisé et garnissez-le de tranches de génoise en bouchant les interstices avec un peu de crème à la ricotta.

4 Sortez le gâteau du réfrigérateur et démoulez-le sur un plat de service. Nappez-le de glaçage puis décorez-le avec des dés de fruits confits, des rubans de courge confite, des morceaux d'écorce d'orange et des décors fantaisie.

Pour préparer le glaçage: montez en neige ferme 3-4 blancs (60 g) avec 200 g de sucre glace. Ajoutez ce qu'il faut de jus de citron pour qu'il soit fluide (il durcira par la suite) et un peu de colorant vert de pâtisserie à la pistache.

 40'+2h 4 Kcal 916 P 23 G 24

Génoise (déjà prête), 200 g	Fruits confits mélangés (dont	Rhum
Ricotta, 450 g	courge et écorces d'orange),	Décoration fantaisie
Sucre glace, 120 g	100 g env. (et pour décorer)	(perlage argenté,
Une barre de chocolat fondant	Glaçage à la pistache	vermicelles multicolores, etc.)
Essence de vanille	(voir ci-contre)	

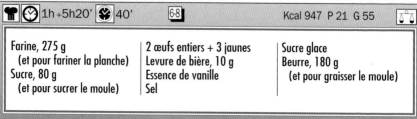

🍰 🕐 1h +5h20'   ✳ 40' | 6-8 | Kcal 947 P 21 G 55   ⚖

Farine, 275 g
  (et pour fariner la planche)
Sucre, 80 g
  (et pour sucrer le moule)

2 œufs entiers + 3 jaunes
Levure de bière, 10 g
Essence de vanille
Sel

Sucre glace
Beurre, 180 g
  (et pour graisser le moule)

Pandoro Brioche de Noël (Vérone, Vénétie)

1 Mélangez une cuillerée de farine et la levure délayée dans un peu d'eau tiède. Laissez lever 20 minutes. D'autre part, mélangez 65 g de farine et une cuillerée de sucre, puis incorporez-y un œuf et un jaune, 10 g de beurre fondu et le mélange qui entre-temps a levé. Couvrez la pâte et laissez-la reposer 1 heure sous un linge.

3 Étalez la pâte en lui donnant une forme carrée et parsemez-la de noisettes de beurre (150 g en tout). Repliez les coins vers le centre de manière à couvrir le beurre puis étalez la pâte et pliez-la en trois. Abaissez-la à nouveau, pliez-la en trois et laissez-la reposer 20 minutes. Étalez-la et repliez-la encore deux fois en la laissant toujours reposer 20 minutes.

2 Amalgamez 130 g de farine, 2 cuillerées de sucre, 20 g de beurre fondu, un œuf, 2 jaunes, une goutte de vanille et une pincée de sel. Après quoi, incorporez-y la pâte qui a levé. Pétrissez la pâte 10 minutes, le temps qu'elle devienne élastique et légère puis unissez-y, petit à petit, 50 g de farine. Couvrez et laissez reposer 3 heures.

4 Reprenez la pâte et roulez-la en boule avec votre paume sur la planche que vous aurez farinée. Mettez-la dans le moule cannelé, beurré et poudré de sucre, et laissez-la lever jusqu'à ce qu'elle arrive au bord du moule. Glissez le *pandoro* au four à 180 °C et faites-le cuire 30 minutes. Démoulez-le, laissez-le refroidir et poudrez-le de sucre glace.

Panettone Gâteau brioché de Noël (Milan, Lombardie)

1 Incorporez 50 g de farine à la "pâte mère" en ajoutant quelques gouttes d'eau tiède puis roulez la pâte en boule et laissez-la lever 2 heures sous un linge. Reprenez-la, unissez-y 50 g de farine avec quelques gouttes d'eau tiède et remettez-la à lever pendant 2 heures. Entre-temps, faites tremper les raisins dans l'eau tiède.

3 Reprenez la pâte et incorporez-y le reste de farine, une pincée de sel, le beurre fondu et le mélange sucre-œuf Pétrissez la pâte jusqu'à ce qu'elle soi homogène.

2 Dans une petite casserole, faites chauffer sur feu doux le sucre délayé dans un verre d'eau. Amalgamez-y un œuf entier et 4 jaunes, l'un après l'autre et en remuant. Retirez du feu au bout de 5 minutes.

4 Ajoutez-y les raisins essorés et le fruits confits coupés en petits dés Mettez la pâte dans un moule et lais sez-la reposer 8 heures. Incisez le des sus du gâteau en croix et glissez-le au four préchauffé sur 220 °C. Faites-le cuire 45 minutes.

La "pâte mère" ou "chef" est de la pâ te à pain levée utilisée en boulange rie. Sa préparation étant longue e compliquée, nous vous conseillons de vous en procurer toute prête che: votre boulanger.

| | 🕐 30 +12h | ❀ 45' | 6 | Kcal 691 P 19 G 31 | ⚖ |

"Pâte mère", 80 g
(voir ci-contre)
1 œuf entier + 4 jaunes
Farine, 450 g

Sucre, 100 g
Fruits confits,
60 g env.
Raisins secs, 60 g

Sel
Beurre, 120 g

Pastiera napoletana Gâteau de Pâques au blé (Naples, Campanie)

 30'+30'   1h30'+4h **4**   Kcal 1354 P 46 G 55

Pour le fourrage:	Cannelle en poudre	Pour la pâte brisée:
Blé dur en grains, 150 g	Eau de fleurs d'oranger	Farine, 150 g
Ricotta, 250 g	3 jaunes d'œuf et 2 blancs	Sucre, 80 g
Un quart de litre de lait	Fruits confits (cédrat	Saindoux très fin
Sucre en poudre, 180 g	et courge), 100 g env.	(ou beurre), 70 g
Un citron	Sucre glace	Un jaune d'œuf
Sucre semoule	Beurre, 30 g	

Mettez le blé à tremper 2 ou 3 jours à l'avance.

Préparez la pâte en mélangeant le saindoux, le sucre, le jaune d'œuf et la farine. Travaillez-la jusqu'à ce qu'elle soit bien homogène puis laissez-la reposer une demi-heure.

Égouttez le blé, cuisez-le 20 minutes à l'eau bouillante, égouttez-le et remettez-le à cuire dans le lait chaud. Ajoutez le zeste d'un demi-citron et une cuillerée à café de sucre. Couvrez, laissez frémir jusqu'à ce que le blé ait absorbé tout le lait, puis retirez le zeste et faites refroidir.

Écrasez la ricotta à la fourchette et incorporez-y le sucre en poudre, les jaunes d'œuf (un à la fois), une pointe de cannelle, le zeste râpé d'un demi-citron, une cuillerée d'eau de fleurs d'oranger, les fruits confits en petits dés, le blé et, pour finir, les blancs que vous aurez montés en neige.

Abaissez la pâte et foncez-en un moule beurré (conservez-en une poignée) sans déborder. Versez l'appareil dedans et, sur le dessus, faites un réseau en diagonale avec des rubans de 2 cm de large découpés dans le reste de pâte. Faites cuire la *pastiera* 45 minutes au four (à 160 °C) puis sortez-la du four et, si vous le désirez, poudrez-la de sucre glace.

Elle se déguste aussi bien tiède que froide.

Spongata
Gâteau de Noël aux fruits secs (Émilie-Romagne)

Mettez les raisins à tremper. Versez le miel dans une petite casserole avec un demi-verre de vin, laissez frémir 10 minutes puis unissez les biscuits secs émiettés, les amandes hachées menu, les fruits confits en dés, les noix concassées, les noisettes entières, une pincée de cannelle et de muscade et 5 grains de poivre. Mélangez bien le tout. Transvasez cet appareil dans une terrine et laissez-le reposer 24 heures sous un linge.

Travaillez ensemble la farine et le beurre ramolli, le sucre, une pincée de sel et 3 cuillerées de vin, jusqu'à obtenir une pâte homogène et dense.

Laissez-la reposer une demi-heure avant de l'étaler en deux abaisses (2/3 et 1/3) d'environ 3 mm d'épaisseur. Avec la plus grande foncez un grand moule beurré dans lequel vous verse-rez l'appareil sur une épaisseur d'environ 2 cm. Couvrez avec l'autre abaisse, soudez les bords et piquez le dessus avec une fourchette.

Glissez la *spongata* une demi-heure au four préchauffé sur 180 °C et laissez-la refroidir avant de la servir. Elle se conserve longtemps.

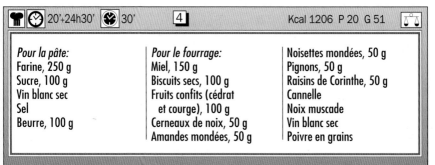

| 🍴⏱ 20'+24h30' | ✹ 30' | 4 | Kcal 1206 P 20 G 51 | ⚖ |

Pour la pâte:	Pour le fourrage:	Noisettes mondées, 50 g
Farine, 250 g	Miel, 150 g	Pignons, 50 g
Sucre, 100 g	Biscuits secs, 100 g	Raisins de Corinthe, 50 g
Vin blanc sec	Fruits confits (cédrat	Cannelle
Sel	et courge), 100 g	Noix muscade
Beurre, 100 g	Cerneaux de noix, 50 g	Vin blanc sec
	Amandes mondées, 50 g	Poivre en grains

Table des matières

50 RECETTES

LA CUISINE ITALIENNE

Projet éditorial : Casa Editrice Bonechi
Directeur éditorial : Alberto Andreini
Concept et coordination : Paolo Piazzesi
Projet graphique et mise en pages PAO édition française :
Maria Rosanna Malagrinò
Couverture : Andrea Agnorelli *et* Maria Rosanna
Malagrinò
Rédaction : Patrizia Chirichigno
Traduction: Rose-Marie Olivier

*Toutes les recettes de ce volume ont été préparées par
l'équipe de nos cuisiniers
En cuisine* : Valentina Brogi, Salvatore Giardinetto,
Lisa Mugnai, Elisabetta Piazzesi, Mario Piccioli
Diététicien : Dr. John Luke Hili

*Les photos, propriété des archives Bonechi, ont été
réalisées par* Andrea Fantauzzo. *Les photos pages 13, 17,
35, 49, 54, 62 ont été réalisées par* Dario Grimoldi.
La photo page 18 a été réalisée par Pier Silvio Ongaro.

© 2003 by CASA EDITRICE BONECHI, Firenze - Italia
E-mail: bonechi@bonechi.it
Internet: www.bonechi.com

Imprimé en Italie par Centro Stampa Editoriale Bonechi.

ISBN 88-476-1222-5